Daniel Kalthoff

Migration im neuen Europa - Chance oder Problem anhand des Beispiels Frankreich

GRIN Verlag

Bibliografische Information der Deutschen Nationalbibliothek:

Die Deutsche Bibliothek verzeichnet diese Publikation in der Deutschen National-
bibliografie; detaillierte bibliografische Daten sind im Internet über http://dnb.d-
nb.de/ abrufbar.

Impressum:

Copyright © 2007 GRIN Verlag GmbH
Druck und Bindung: Books on Demand GmbH, Norderstedt Germany
ISBN: 978-3-656-62800-2

Dieses Buch bei GRIN:

http://www.grin.com/de/e-book/74168/migration-im-neuen-europa-chance-oder-
problem-anhand-des-beispiels-frankreich

GRIN - Your knowledge has value

Der GRIN Verlag publiziert seit 1998 wissenschaftliche Arbeiten von Studenten, Hochschullehrern und anderen Akademikern als eBook und gedrucktes Buch. Die Verlagswebsite www.grin.com ist die ideale Plattform zur Veröffentlichung von Hausarbeiten, Abschlussarbeiten, wissenschaftlichen Aufsätzen, Dissertationen und Fachbüchern.

Besuchen Sie uns im Internet:

http://www.grin.com/

http://www.facebook.com/grincom

http://www.twitter.com/grin_com

Eberhard-Karls-Universität Tübingen

Ludwig-Uhland-Institut für Empirische Kulturwissenschaften

PS Migration im neuen Europa

WS 06/07

15.05.2007

Migration in Europa – Chance oder Problem?

Daniel Kalthof

3. Fachsemester:

Allgemeine Rhetorik

Empirische Kulturwissenschaften

Amerikanistik

INHALTSVERZEICHNIS

1 <u>Einleitung</u>

Im heutigen Europa ist die Frage danach, wie man mit dem Thema Migration umgeht aktueller denn je. Die romantische Vorstellung einer friedlichen Multikulti-Gesellschaft scheint überlebt[1], die Unruhen in Frankreich haben ganz Europa erzittern lassen, frei nach dem Motto "Wer ist als nächstes dran?". Die einen sprechen von Leitkultur, andere von kultureller Abgrenzung. Rechtspopulistische Parteien machen mit steigendem Zuspruch die Migranten zu Sündenböcken allen Übels, aber auch der derzeitige Innenminister Wolfgang Schäuble ist der Meinung "Die Migration ist heute eines der großen, die Stabilität bedrohenden Themen unserer globalisierten Welt"[2].

Sind wir also ernsthaft kurz vor dem unausweichlichen Höhepunkt der europäischen Migrationsgeschichte angelangt, dem Punkt an dem die Migranten unsere Kultur durch ihre ersetzen und uns keine andere Möglichkeit bleibt, als tatenlos dabei zuzusehen?

Zugegeben, diese Frage ist überspitzt formuliert, soll aber zugleich die Polemik der aktuellen Migrationsdebatten verdeutlichen, als auch eine Antithese bilden, zu meiner Herangehensweise an die Fragestellung, ob Migration eine Chance oder ein Problem für Europa darstellt. Wichtig zur Bearbeitung dieses Themas, als auch in der generellen Migrationsdebatte, ist ein Wechsel des Standpunkts. Statt zwanghaft und immer wieder zu problematisieren, sollte man sich zunächst einmal verdeutlichen, welche Errungenschaften in der europäischen Gesellschaft ohne die Mithilfe der Migranten nicht möglich gewesen wären und welche Chancen ihre Teilnahme an der Gesellschaft für die Zukunft bietet. Nur unter ständiger Berücksichtigung dieser Leistung, kann man die Diskussion angemessen aufziehen und beginnen punktuell über Integrationsfragen und Einwanderungspolitik zu diskutieren.

Deshalb möchte ich bei der Einteilung meines Argumentationsgangs zunächst im ersten Teil entlang meines Referatthemas "Migration als europäischer Normalfall", verdeutlichen, dass Migranten sowohl die wirtschaftliche, als auch die kulturelle Entwicklung Europas positiv beeinflusst haben. Im zweiten Teil werde ich mich dann dem Thema Integration widmen und am Beispiel Frankreich zunächst die nationale Integrationsweise untersuchen und dann einen theoretischen Ansatz dazu liefern, welche Faktoren für das Gelingen und das Scheitern der Integration von Migranten verantwortlich sind. Dieser Teil liefert das Fundament für den dritten Teil, der versuchen soll beispielhaft die entscheidenden Fehler in der französischen Integrationspolitik zu benennen, die deutlich sichtbar wurden, als es Ende 2005 zu den Unruhen in ganz Frankreich kam.

Um die Antwort auf die Frage des Titels vorweg zu nehmen: Migration, sowohl innerhalb Europas, als auch Immigration von außerhalb, ist nicht bloß eine Chance, sondern eine Notwendigkeit zum Erhalt unserer Gesellschaft und unserer Kultur. Gleichzeitig ist das Thema Integration eine wichtige Aufgabe und ernst zu nehmende Herausforderung für alle europäischen Gesellschaften, da Migration sonst tatsächlich zu dem werden kann, als das es immer wieder diskutiert wird: Einer Bedrohung oder einem Problem.

1.1 Historischer Blick auf europäische Migration

In Europa hat immer Migration stattgefunden. Wie Karl Schlögel in seinem Buch Planet der Nomaden treffend beschreibt, scheint es etwas zu geben, das den Menschen auf Wanderschaft hält. "Nicht Sesshaftigkeit, sondern Wanderung scheint der Normalfall zu sein"[3] Zwei der ausschlaggebenden Gründe, die jährlich viel Millionen Menschen dazu bewegen ihre Heimat aufzugeben und ein neues Leben in der Ferne zu beginnen, sind einerseits die Suche nach Arbeit und einem höheren Lebensstandard und auf der anderen Seite Flucht vor Kriegen und Verfolgung. Das heutige Europa ist entstanden durch Grenzverschiebungen, Kriege, Neugründung und Auflösung von Staaten. Schon immer gab es Minderheiten, die vertrieben wurden und in einem anderen Land Zuflucht gesucht haben, sowie andere Menschen die freiwillig auswanderten, in der Hoffnung in einem anderen Land ihren Lebensstandard verbessern zu können.

Neben der innereuropäischen Migration nahm gerade in den letzten Jahrzehnten die Einwanderung von außereuropäischen Ländern zu, und so ist Europa heute, neben Amerika, das Hauptziel aller Migranten weltweit. Reichtum, Arbeit, Kultur und demokratische Freiheit, also die Eckpfeiler der europäischen Kultur, sind die

Magnete die jährlich viele Millionen Menschen dazu veranlassen, ihr Leben in der Heimat aufzugeben und ein neues Leben im „fremden" Europa zu beginnen. Aber auch die innereuropäischen Differenzen haben bereits viele Wanderungsbewegungen ausgelöst. Wichtige Anziehungspunkte waren auch in diesem Fall wirtschaftliches Wachstum, also Arbeitsplätze, sowie Schutz vor Krieg und Verfolgung durch die Gewährung von politischem Asyl.

Die wichtigsten Wanderungsbewegungen des letzten Jahrhunderts sind laut Werner Schiffauer:

> „Umsiedlungen und Vertreibungen nach dem Zweiten Weltkrieg, [...] die Ströme der Arbeitsmigranten, die zunächst aus den ehemaligen Kolonie in die jeweiligen Mutterländer, dann aus den Anwerbeländern nach Deutschland, Schweden, Dänemark, den Niederlanden und Frankreich kamen. Den Arbeitsmigranten folgten ihre Familien. In den achtziger und Anfang der neunziger Jahre explodierten die Zahlen der Asylbewerber. Nach dem Fall des Eisernen Vorhangs kamen die Aussiedler hinzu."[4]

1.2 Chancen für Europa

Welche Chancen sich durch die stattfindende Migration für Europa eröffnet haben, ließe sich an vielen Orten messen und an unzähligen Beispielen belegen. Von der türkischen Imbissbude in Deutschland, bis zur Aufnahme von Flüchtlingsströmen vom Balkan, kann man individuelle Chancen und Vorteile genauso heranziehen, wie Chancen, die sich für gesamte Völker ergeben haben. Das Phänomen Migration lässt sich an unterschiedlichsten Orten und Schnittstellen untersuchen. Nachfolgend möchte ich auf zwei ganz grundsätzliche Formen der Wanderung eingehen und deren Bedeutung für Europa erläutern.

Wirtschaftlich gab es auf dem „Kontinent der Differenzen"[5] immer Unterschiede zwischen den Nationen, und die Wanderarbeiter haben im Wesentlichen dazu beigetragen, das Verhältnis zwischen Angebot und Nachfrage auf dem Arbeitsmarkt auszugleichen. Keine Gesellschaft kann auf einen durch wirtschaftlichen Aufschwung bedingten, rasant steigenden Bedarf an Arbeitern durch heranziehen eigener Kinder reagieren. Bis dahin wäre die Wachstumsphase längst vorüber. Ein gutes Beispiel hierfür ist die entscheidende Rolle der Gastarbeiter beim deutschen Wirtschaftswunder. Rein wirtschaftlich können wir also schon einmal behaupten, dass Arbeitsmigration das wachsende Europa, in einem sich selbst regulierendem Prozess flexibel gemacht hat. Indem die wandernden Arbeiter den Mangel an Arbeitskraft kompensierten, ermöglichten sie Europa auf schnelles Wachstum ebenso schnell zu reagieren.

Ebenfalls wichtig für das heutige Europa ist das Thema Flüchtlingsmigration. Die Notwendigkeit dieser Wanderungsform lässt sich nicht so einfach in Zahlen und Bilanzen messen, da sie faktisch zunächst keinen wirtschaftlichen Nutzen mit sich bringt, wie es bei der Arbeitsmigration der Fall ist.

Entscheidend für die Aufnahme von Flüchtlingen ist zunächst die ethische Grundhaltung der europäischen Länder. Spätestens mit Beschluss der Genfer Flüchtlingskonvention wurde den Millionen verstoßenen und vertriebenen Menschen auf der Welt ein Gesicht gegeben, vor allem aber Rechte auf Schutz vor Verfolgung. Das Europa also, egal ob bei der Migration innerhalb Europas oder von außerhalb, Verfolgten Menschen Asyl gewährt hat, ist in gewisser Weise eine Manifestierung der demokratischen Freiheitswerte Europas.

2 Frankreich

Im folgenden Teil möchte ich zunächst die grundlegenden Eigenschaften der französischen Einwanderungspolitik beschreiben und anschließend deren theoretischen Stärken beleuchten und sie dann mit der, teilweise sehr gegensätzlichen, praktischen Umsetzung zu vergleichen und die daraus resultierenden Probleme aufzuzeigen.

2.1 Einwanderungsgeschichte Frankreich

In Frankreich leben derzeit 3,6 Millionen ausländische Staatsbürger, damit beträgt der Ausländeranteil 6,6%. Herkunftsstaaten der Migranten sind Portugal, Spanien und Italien, sowie außerhalb Europas die ehemalige Kolonialgebiete in Nordafrika: Marokko, Algerien und Tunesien. [6]

Charakteristisch für Frankreich ist, dass die oben aufgeführte Statistik nicht unbedingt ein Spiegel dafür ist, wie hoch tatsächliche der Anteil von Menschen mit Migrationshintegrund ist. Nicht aufgeführt sind zum Beispiel Heimkehrer aus Kolonialstaaten, sowie durch das Geburtsrecht eingebürgte Einwanderer der „zweiten Generation".[7]

2.2 Grundzüge der französischen Einwanderungspolitik

Die zwei wichtigsten Eckpfeiler der französischen Einwanderungspolitik liegen zum einen in der Möglichkeit des Erwerbs der französischen Staatsbürgerschaft für Immigranten der zweiten Generation, sowie in der Assimilierungspolitik, die Einwanderern ermöglichen soll, durch Adaption des französischen Wertesystems, zu ebenbürtigen Franzosen zu werden.

Der Grund dafür, dass Nachkommen von Immigranten in Frankreich, vom Beginn des Ancien Regime bis heute, ab der zweiten Einwanderergeneration die Staatsbürgerschaft erhalten, begründet sich vor allem in der Auslegung des Abstammungsprinzips.

Blickt man zurück in das Zeitalter der Nationalstaaten und vergleicht Deutschland und Frankreich zu eben jener Zeit[8], lassen sich die beiden möglichen Extreme in der Ausrichtung des Abstammungsprinzips verdeutlichen. Der deutsche Nationalstaat hat seine Einwanderungspolitik damals auf dem Jus Sanguinis begründet, dem Blutrecht. Nur Einwanderer, die in der Lage waren eine biologische Abstammung aus dem deutschen Volk nachzuweisen, konnten die Staatsbürgerschaft bekommen und somit die Stigmata des lediglich zum Arbeiten geduldeten Ausländers entfliehen. Mit dieser „Politik der zeitlich begrenzten Einwanderung"[9] versuchte der deutsche Nationalstaat damals, die dringend benötigte Arbeitskraft zu bekommen, die Arbeiter allerdings gleichzeitig politisch klein zu halten und sie eindeutig vom Rest der Gesellschaft abzugrenzen.

Diese erschwerten Einwanderungsbedingungen und bewussten sozialen Ausgrenzungen, betrafen vor allem die Polen, die Ende des 19. Jahrhunderts den größten Ausländeranteil in Deutschland bildeten.[10]

Der französische Nationalstaat hingegen berief sich - damals wie heute – auf das Jus Soli als Abstammungsrecht. Jus Soli steht für Boden- bzw. Geburtsrecht und ermöglicht den Nachkommen von Einwanderern, sofern sie in Frankreich geboren wurden, die französische Staatsbürgerschaft anzunehmen. Dies führte dazu, dass Einwandererfamilien schnell den gleichen Rechtsstatus genossen wie Franzosen und man nicht versuchte, die Einwanderer politisch als ethnische Minderheit zu isolieren.

Das Jus Sanguinis orientierte Deutschland versuchte also, Einwanderer rechtlich wie sozial auszugrenzen und nur denjenigen die deutsche Staatsbürgerschaft zu verleihen, die diese aufgrund ihrer ethnischen Abstammung nachweisen konnten, während man in Frankreich darauf zielte, die Immigranten langfristig ein Teil der eigenen Gesellschaft werden zu lassen, indem man ihnen prinzipiell die selben Rechte wie den französischen Landsleuten einräumte.

In der Gegenwart haben beide Prinzipien immer noch ihre Gültigkeit, wobei die Umsetzung längst nicht mehr so radikal und immer eine Kombination aus Jus Soli und Jus Sanguinis ist. Trotzdem ist immer noch eine tendenzielle Ausrichtung zu beobachten. In Frankreich weiterhin klar in Richtung Jus Soli und auch Deutschland tendiert seit wenigen Jahren mehr in Richtung Geburtstrecht, nachdem es zuvor immer in Richtung Jus Sanguinis tendierte.

Das Jus Soli ist zentraler Bestandteil des zweiten Prinzips der französischen Einwanderungspolitik, der Assimilierungspolitik. Das Konzept der Einbürgerung setzt sich weitestgehend über Fragen nach Herkunft und Sprache hinweg und stellt stattdessen die Bereitschaft der Einwanderer in den Vordergrund, sich in das politische sowie kulturelle Wertesystem zu integrieren. Durch den Kontext einer gemeinsamen Kultur versuchte man also die Einwanderer zu integrieren. Es gibt jedoch keine aktiven Maßnahmen zur Integration der Einwanderer, wie beispielsweise die in Deutschland institutionalisierten Sprach- und Integrationskurse. Frei nach dem Motto „Wer kommen will, soll kommen und Franzose werden", praktiziert Frankreich eine Laissez-faire Politik[11], die eine Integration durch Assimilation mit der gemeinsamen Kultur vorsieht.

Im Gegensatz zu der passiven Laissez-faire Politik Frankreichs steht die, wie Schlögel sie nannte, „von Kitsch nie ganz freie Multikulti Ideologie"[12], die ein friedliches nebeneinander verschiedener Kulturen anstelle von Assimilation oder Integration vorsieht.

Das also in Frankreich „Assimilierung zentraler Aspekt des Nationsbildungs-prozesses war und ist"[13], scheint in seinen Grundzügen eine Erfolg versprechende Ausgangslage zur erfolgreichen Integration von Einwanderern zu sein. Blickt man zum Beispiel auf die Ergebnisse des EFNATIS Projekts[14], das anhand einer empirischen Untersuchung in Frankreich, Deutschland und Großbritannien, den Erfolg verschiedener nationaler Integrationsweisen in Europa misst und vergleicht, erfährt man, dass weniger die aktive, oder „spezielle Integrationspolitik", sondern vielmehr die „allgemeinen Integrationsinstanzen der Gesellschaft und deren spezifische Stärken und Schwächen"[15] entscheidend für die tatsächliche Integration sind.

Somit müsste in Frankreich, zumindest nach der generellen Theorie über verschiedenen Einwanderungspolitiken, die Integration von Einwanderern relativ problemlos funktionieren. Die rasche Möglichkeit zur Einbürgerung erleichtert es den Einwanderern sich mit der neuen Heimat zu identifizieren und der im Nationalbewusstsein der Franzosen verankerte starke Kulturbegriff, sollte es ermöglichen, schon ab der zweiten Generation keine Migrantenkinder zu haben, sondern junge Franzosen mit Migrationshintergrund, die in der französischen Kultur aufwachsen und diese somit automatisch adaptieren.

2.3 Probleme bei Integration in Frankreich

Im theoretischen Grundsatz setzt die französische Integrationspolitik also auf Assimilierung „von unten". Erstaunlich ist dabei allerdings, wie verschiedene Faktoren die Gleichstellung der Einwanderer in der Praxis konsequent verhindern.

Zu erst wäre da die physische Ausgrenzung der Einwandererfamilien in den „Banlieus" der französischen Großstädte. Ein Graffiti von 1968 in Clichy-sous-Bois spiegelt die damalige Wahrnehmung der Einwohner dieser Schlafstädte wieder, die in den 60er Jahren von den Städteplanen als modernes Leben definiert wurden: „Metro – baulot – dodo". Pendeln, Malochen, Pennen. Aber die Banlieus haben sich mittlerweile von den Schlafstädten für Arbeiter in eine ganz andere Richtung entwickelt: Zum Inbegriff der sozialen Ausgrenzung der Einwanderer.

Anstatt dem Prinzip der Assimilierungspolitik folgend, die Einwanderer in den eigenen Kulturkreis aufzunehmen, hat man sich physisch und sozial von ihnen abgegrenzt. Als man sie in den Banlieus unterbrachte, hat man sie zwar als Flüchtlinge, oder Erbe der Kolonialgeschichte akzeptiert, aber wie ebenbürtige Franzosen wurden sie nicht behandelt. Diese Gettoisierung der Einwanderer ist einer der zentralen Aspekte dafür, dass die Unzufriedenheit der Einwanderer in den letzten zwei Jahrzehnten immer weiter Anstieg. Der Soziologe Zygmut Baumann schreibt treffend: „In die Wunde der sozialen Ablehnung wurde das Salz der verkündeten politischen Gleichheit gestreut."[16]

Soziale Ablehnung und Benachteiligung haben die jungen Franzosen aus Einwanderfamilien besonders bei der Arbeitssuche erfahren, wo oft schon der Verweis auf „neuf-trois"[17] in der Adresse, für zukünftige Arbeitgeber ein Grund für eine Absage ist. Eine Arbeitslosenzahl von aktuell 40%[18] unter den jungen Männern in Clichy-sous-Bois spricht für sich. Aber auch ständige Polizeikontrollen und der darin implizierte Generalverdacht führte dazu, dass sich junge Franzosen mit französischer Staatsbürgerschaft durch ihren Migrationshintergrund stigmatisiert und fremd im eigenen Land fühlten.

Einwanderer die in den Banlieus leben, fühlen sich nicht als Franzosen, die identitätsstiftende Wirkung des Jus Soli wurde somit verfehlt. Dem Gegenüber steht die Mehrheitsgesellschaft von Franzosen, die sich nicht im Klaren darüber ist, dass die Einwanderer Kinder auf die Welt bringen und diese Kinder keine Einwandererkinder, sondern Franzosen sind.

Den Höhepunkt dieser bis dahin mehr oder weniger stillschweigend praktizierten Ausgrenzung, setzte der französische Innenminister Nicolas Sarkozy mit der im Juni 2005 offiziell verkündeten Aussage, dass man die Banlieus „mit dem Kärcher säubern" solle und als er, kurz nach Ausbruch der Unruhen im November 2005, die Bewohner der Banlieus als „racailles" (Gesindel) bezeichnete[19].

Soziale und physische und sogar politisch verkündete Ausgrenzung aus der Mehrheitsgesellschaft und ein Gefühl der eigenen Überflüssigkeit aufgrund fehlender Arbeit, stehen in Frankreich also dem Gleichheitsprinzip der Assimilierungspolitik und dem identitätsstiftendem Einwanderungsprinzip des Jus Soli gegenüber.

3 Arbeit als Integrationsfaktor

„Die integrative Kraft, die Attraktivität einer Gesellschaft, die die Bereitschaft weckt, sich auf neue Verhältnisse einzulassen, sich zu „integrieren", hat aus bekannten Gründen stark nachgelassen"[20]. Schlögel meint damit den „Integrationsmotor Arbeit", der wichtigste Faktor zur Aufrechterhaltung der Integrationsfähigkeit einer Gesellschaft. „Einer Ökonomie, der die Arbeit ausgegangen ist, fehlt das wichtigste Medium für Akkulturation und Integration"[21]

Ganz ähnlich sieht es der französische Soziologe Christian Baudelot. Er sieht „Arbeit als den wichtigsten Integrationsfaktor in Frankreich"[22]. Dabei hebt er die Bedeutung der Arbeit besonders in den unteren Gesellschaftsschichten hervor. Auch wenn eine harte und schlecht bezahlte Arbeit an sich nicht glücklich mache, sei sie gerade für die unteren Schichten einer der wichtigsten sinn- und identitätsstiftenden Faktoren und somit ebenfalls wichtigster Integrationsfaktor der Gesellschaft. Diese würde laut Baudelot besonders an der passiven Perspektivlosigkeit vieler Arbeitsloser deutlich werden. Wichtig ist zu erwähnen, dass die Untersuchungen von Baudelot sich nicht speziell auf Einwanderer, sondern auf die gesamte Gesellschaft beziehen.

Arbeit fördert interethnische Kontakte, baut beidseitig Berührungsängste zwischen Migranten und der Mehrheitsgesellschaft ab und stiftet Sinn und Identität. Da es in Frankreich keine sonstigen aktiven Maßnahmen zur Förderung der Integration von Migranten gibt, kann der Wegfall dieses bedeutenden Integrationsfaktors ein entscheidender Schritt in Richtung sozialer Isolation der Einwanderer sein.

4 <u>Schluss</u>

Dass Migration für Europa nicht nur Chancen bietet, sondern essentiell für Wirtschaft und Kultur ist, habe ich bereits in der Einleitung und dem Anfangsteil erläutert. Das Beispiel Frankreich hat allerdings einige Bereiche aufgezeigt, in denen es in der Vergangenheit zu Problemen gekommen ist. Diese geben zwar kein Spiegelbild der gesamteuropäischen Situation, bieten allerdings exemplarisch einige grundlegende Erkenntnisse darüber, welche Faktoren das Gelingen oder Scheitern von Integration bewirken können

In Frankreich, wie auch in ganz Europa, ist das Vorhandensein von Arbeit einer der wichtigsten Faktoren zur erfolgreichen Integration. Ich würde sogar soweit gehen zu sagen, dass Arbeit, sogar in der Lage ist, aufgrund ihrer sinn- und identitätsstiftenden Wirkung, gravierende Schwächen in der Integrationspolitik auszugleichen. Geht dieser „Integrationsmotor" (Schlögel) abhanden, gewinnen andere Instanzen zunehmend an Bedeutung, wie zum Beispiel eine Integrationspolitik, die sich aktiv den Bedürfnissen der Einwanderer widmet.

Für das Scheitern der französischen Einwanderungspolitik sind zunächst fehlende Puffer verantwortlich, die die sinkende Integrationskraft der Gesellschaft durch steigende Arbeitslosigkeit, hätten ausgleichen können.

Hinzu kommt die widersprüchliche Umsetzung der Einwanderungspolitik, in der Theorie und Praxis weit voneinander entfernt liegen. Kinder von Migranten erhalten die französische Staatsbürgerschaft, werden aber physisch, sozial und, wie im Fall Sarkozy sogar öffentlich von der französischen Mehrheitsgesellschaft ausgegrenzt. Diese Politik wirkt der im eigentlichen Sinne identitätsstiftenden Wirkung des Jus Soli entgegen.

Ebenso verlieren das Prinzip der Gleichheit und die Integration durch kulturelle Assimilation unter den genannten Umständen ihren ideologischen Glanz. Außerdem beinhalten diese Prinzipien eine weitere Problematik: Der Gedanke der Assimilation durch gemeinsame Kultur, steht prinzipiell, oder zumindest im französischen Modell, im Widerspruch mit einer aktiven Integrationspolitik und somit werden mit der vollständigen Gleichstellung der Migranten, deren besonderen Bedürfnisse als schwächster Teil der Gesellschaft übersehen.

Abschließend kann man sagen, dass die Eingliederung von Migranten in die Mehrheitsgesellschaft einer vielschichtigen Integrations- und Assimilationspolitik bedarf. Staatlich vorgegebene Integrationsmechanismen müssen von Seiten der Bevölkerung, aber auch von Seiten der Migranten nicht nur getragen, sondern auch mitgestaltet werden. Die Exklusivität der Mehrheitsbevölkerung führt zwangsläufig die Migranten zu Reaktionen, welche als Aufbau einer Parallelgesellschaft verstanden werden können. Daraus ist zu schließen, dass seitens der Mehrheitsgesellschaft eine Öffnung auf der politischen und sozialen Ebene zu erbringen ist. Ebenso kann auf der Seite der Einwanderer eine Partizipationsbereitschaft erwartet werden. Erst dann kann sich ein Land zur Heimat entwickeln.

Bibliographie

1. Klaus J. Bade: Europa in Bewegung. Migration vom späten 18. Jahrhundert bis zur Gegenwart. München 2000
2. Friedrich Heckmann: Integrationsweisen europäischer Gesellschaften: Erfolge, nationale Besonderheiten, Konvergenzen. In: Migrationsreport 2004.
3. Wolfgang Kaschuba: Das alte und das neue Europa. Repräsentationen und Inszeniereungen (http://www2.hu-berlin.de/ethno)
4. Heinz Fassmann, Rainer Münz (Hg.): Migration in Europa. Historische Entwicklung, aktuelle Trends, politische Reaktionen. Frankfurt/New York 1996
5. Saskia Sassen: Migranten, Siedler, Flüchtlinge. Von der Massenauswanderung zur Festung Europa, Frankfurt/M. 2000.
6. Werner Schiffauer: Die Angst vor der Differenz. Zu neuen Strömungen in der Kulturanthropologie. In: Zeitschrift für Volkskunde, 92, 1996, S 20-31
7. Werner Schiffauer: Europa als transnationaler Raum – Perspektiven der kulturwissenschaftlichen Migrationsforschung. In: Timm Beichelt u.a. (Hg.): Europa Studien. Eien Einführung. Wiesbaden 2006, S 95-110
8. Karl Schlögel: Planet der Nomaden, Pilsen 2006
9. Presseartikel:Baumann Zygmunt: Wenn Menschen zu Abfall werden. In: Die Zeit 17.11.2005, Nr 47
10. Hahn, Dorothea: „Wir haben gar keine Wahl". In; Die Tageszeitung, 2.5.2007
11. Klingst, Martin: Fünfzehn verlorenen Jahre – Interview mit Wolfgang Schäuble. In: Die Zeit 10.11.2005, Nr. 46

[1] Vgl. Schlögel: 2006, S 16

[2] Die Zeit, 10.11.2005, S 5

[3] Schlögel: 2006, S 101

[4] Schiffauer: 2006, S 95

[5] Vgl. Kaschuba

[6] Vgl. Fassmann / Münz: 1996, S 33-34

[7] Ebenda

[8] Vgl. Sassen: 2000

[9] Ebenda

[10] Ebenda

[11] Ebenda

[12] Schlögel: 2006, S 16

[13] Heckmann: 2004, S 207.

[14] Ebenda, S 215ff

[15] Ebenda, S 219

[16] Zygmunt Bauman: 2005, In: Die Zeit, 17.11.2005, S 14

[17] 93 ist die Ordnungszahl für das Département Saint-Denis in dem z.B. auch Clichy-sous-Bois liegt.

[18] TAZ, 02.05.2007, S 13

[19] http://fr.wikipedia.org/wiki/Nicolas_Sarkozy (10.5.2007)

[20] Schlögel: 2006, S 14

[21] Ebenda

[22] Vgl. Christian Baudelot, Vortrag „Les jeunes, les femmes et le travail" im Deutsch-Französischen Institut in Tübingen, 08.02.2007